An Bhó Fhio

GW01191494

Mary Arrigan
a scríobh agus a mhaisigh

Éilís Ní Anluain
a rinne an leagan Gaeilge

Feiliúnach do pháistí ó 8 mbliana go dtí 11 bhliain d'aois

COUNTY KERRY
J
LIBRARY SERVICE

AN GÚM
Baile Átha Cliath

Chónaigh Seán agus a Mhamó, Neain, i dteach beag compordach ag bun cnoic. Bhí aon bhó amháin acu, ar a dtugaidís an Bhó Fhionn. Thugadh sí an bainne is fearr sa tír agus dhéanadh Seán agus Neain cáis agus im as le díol ar an margadh gach seachtain. Thagadh daoine ó chian agus ó chóngar leis an gcáis agus an im breá a cheannach.

Sna tráthnónta, nuair a bhíodh a gcuid oibre déanta acu, sheinneadh Seán ceol agus chanadh Neain cúpla amhrán. Leis an bhfírinne a rá níor cheoltóir maith é Seán. Is minic a sheinneadh sé nóta mícheart.

Ní raibh Neain mórán níos fearr ná é ag amhrán. Deirtí go gcuireadh sí faitíos ar chapall na gcomharsan! Mar sin féin bhainidís féin an-sult as a gcuid ceoil.

Lá amháin nuair a shroich siad an baile tar éis bheith ar an margadh baineadh an-gheit astu.

'Tá an Bhó Fhionn imithe!' arsa Seán agus é ag teacht ina rith isteach ón scioból. Bhí sé ag ceapadh go dtabharfadh sé greim bia di.

'Ag magadh atá tú!' arsa Neain. Ach ní raibh aon mhagadh i gceist. Bhí an rópa gearrtha agus an Bhó Fhionn imithe.

Chuardaigh siad beirt na páirceanna mórthimpeall na háite ach ní bhfuair siad aon rian den Bhó Fhionn.

'Tá sí goidte ag bithiúnach éigin!' arsa Neain go croíbhriste. 'Agus anois ní bheidh aon slí bheatha againn mar ní bheidh aon bhainne againn le cáis agus im a dhéanamh.'

'Bhí an-chion agam uirthi agus ar a súile móra donna,' arsa Neain agus í ag gol.

'Bhí mé féin an-cheanúil uirthi freisin,' arsa Seán agus chuir sé a lámha timpeall ar Neain.

'Cuardóimid arís amárach,' arsa Seán. 'Cuardóimid go bhfaighimid í, í féin agus an bithiúnach a ghoid í.'

'Cén chaoi a ndéanfaimid é sin gan airgead?' arsa Neain agus í ag croitheadh a cloiginn.

'Seinnfidh mise ceol agus canfaidh tusa amhráin,' arsa Seán. 'Beimid ag cuardach agus ag déanamh ceoil ag an am céanna.'

'Bhuel, nach tusa an maicín cliste!' arsa Neain.

Lá arna mhárach chuir Seán agus Neain an glas ar an doras agus thug siad an bóthar orthu féin. Chuaigh siad ó bhaile go baile ag déanamh ceoil.

Sheasaidís taobh amuigh de thithe tábhairne agus d'fhiafraídís de dhaoine an bhfaca aon duine acu an Bhó Fhionn. Ní fhaca, faraor.

Ná níor thaitin a gcuid ceoil leis na daoine. Is minic nach bhfaighidís a ndóthain le builín beag aráin agus iasc a cheannach gach lá.

'Sprionlóirí mallaithe,' a thugadh Neain ar na daoine.

Faoin am a tháinig an geimhreadh bhí buataisí Sheáin caite agus bhí siad beirt tuirseach de bheith ag codladh i sciobóil.

'Tá mo dhóthain agam de seo,' arsa Neain, lá. 'Ní fheicfimid an Bhó Fhionn arís. Rachaimid abhaile áit a mbeidh compord éigin againn. B'fhéidir go bhfaighimis obair sa Teach Mór – mise sa chistin agus tusa ag cur snasa ar na bróga.'

'Cuardóimid baile amháin eile,' arsa Seán.

Ní raibh aon fhonn air siúd a bheith ag cur snasa ar bhróga.

'Ceart go leor,' arsa Neain agus as go brách leo.

Ar a mbealach tríd an bhforaois dóibh tháinig siad ar chorp fir ina luí sa sneachta.

'An diabhal bocht!' arsa Neain, 'níl aon arán uaidh sin a thuilleadh.'

'Ná buataisí,' arsa Seán agus é ag breathnú ar chosa an fhir mhairbh. 'Tá mé cinnte nár mhiste leis dá n-úsáidfinnse iad.'

Mar go raibh na cosa reoite b'éigean dóibh iad a ghearradh den fhear. Chuir Seán na buataisí agus na cosa isteach ina mhála.

Go gearr ina dhiaidh sin chonaic siad solas i bhfuinneog tí feirme tamall uathu.

'B'fhéidir go bhfaighimis lóistín ansin?' arsa Neain.

Gadaí agus a mhac a bhí ina gcónaí ann. Bhí cailín freastail acu darbh ainm Róisín.

Dhéanadh Róisín obair an tí ó mhaidin go hoíche fad a bhíodh an gadaí agus a mhac i mbun a ngnó.

Ba mhaith léi imeacht ón áit ach ní raibh airgead ar bith aici toisc nach dtugaidís di ach bia agus lóistín.

Bhí an gadaí agus a mhac ina suí chuṇ boird nuair a bhuail Seán agus Neain ar an doras.

'Céard tá uaibh?' a d'fhreagair an gadaí go crosta.

'Fothain na hoíche don bheirt againn,' arsa Neain.

'Imígí libh,' arsa an gadaí.

'Nach bhféadfaidís codladh sa scioból?' arsa Róisín. Bhí trua aici dóibh. 'Tá an tseanbhean i riocht titim.'

‘Ceart go leor,’ arsa an gadaí. Níor mhaith leis cúis a thabhairt do na gardaí teacht chun an tí.

‘Cé mhéad airgid atá agaibh?’ ar seisean.

‘Níl againn ach an méid a cheannóidh dinnéar dúinn amárach.’

‘Déanfaidh sé cúis,’ ar seisean agus sciob sé an t-airgead ó Sheán.

‘Seachain an bhó mhór,’ ar seisean ansin, ‘nó bainfidh sí an ceann díobh.’

COUNTY KERRY
448,424

Bhí an scioból fuar ach b'fhearr é ná taobh an bhóthair. Rinne Róisín leapacha compordacha sa tuí dóibh agus gheall sí go dtabharfadh sí suipéar amach chucu nuair a bheadh an bheirt eile ina gcodladh.

Tar éis tamaill tháinig sí le pláta aráin agus cáise agus crúsca bainne.

'Níor ith mé cáis chomh maith léi sin ó bhí an Bhó Fhionn againn,' arsa Neain.

'Sin an cháis a rinneadh le bainne na bó nua,' arsa Róisín. 'Is breá a cuid bainne. Is breá an bhó í.'

'Cá bhfuil sí?' a d'fhiafraigh Seán.

'Taispeánfaidh mé daoibh í,' arsa Róisín.

Bhí dhá bhó ansin ar thaobh eile an sciobóil, ceann acu beag dubh, an ceann eile bán le súile móra donna.

'Sin í an Bhó Fhionn!' arsa Seán agus Neain in éindí. 'Sin í ár mbó féin!'

D'aithin an Bhó Fhionn iad agus d'inis siad an scéal ar fad do Róisín.

'Tabharfaimid linn anois í,' arsa Mamó.

'Ná déan. Mharódh na bithiúnaigh sibh dá ndéarfadh sibh gur libhse an bhó.'

'Cén fáth,' a d'fhiafraigh Seán, 'a ndúirt an fear go mbainfeadh an bhó an ceann dínn?'

'Bíonn sí ag ciceáil agus ag búiríl nuair a théann na bithiúnaigh sin in aice léi.'

'Agus cén fáth,' a d'fhiafraigh Neain, 'a bhfuil cailín deas mar tú féin ag obair anseo?'

'Níl aon áit eile agam ó fuair mo mháthair bás.'

'Faraor nach bhféadfaimis tú féin agus an bhó a thabhairt abhaile linn,' arsa Mamó.

Fad a bhí siad ag caint thóg Seán na buataisí amach as a mhála. Bhuail smaoineamh é.

'Éistigí,' ar seisean leo, 'tá seift agamsa.'

An mhaidin dár gcionn lig Mamó béic uafásach.

'Mo gharmhac,' ar sise, 'mo gharmhac bocht, tá do bhó mhór tar éis é a ithe. Níl fágtha ach a chosa!'

'Céard tá tú a rá?' a d'fhiafraigh an gadaí.

'Fan go bhfeice tú,' ar sise ag caoineadh.

'Breathnaigh,' ar sise agus thaispeáin sí cosa an fhir mhairbh dó. D'éirigh an bhó crosta nuair a chonaic sí an gadaí agus a mhac.

'Caithfear fios a chur ar na gardaí,' arsa Mamó.

'Níl aon ghá leis sin,' arsa an gadaí go faiteach.

'Ach tá Róisín imithe chun fios a chur orthu!'

Leis sin chuir an gadaí a lámh ina phóca agus thairg sé máilín óir di.

'Tóg leat an t-ór seo agus inis dóibh gur dearmad a bhí ann,' ar seisean.

'Ní dhéanfaidh mé,' ar sise.

Lean Neain uirthi ag caoineadh in ard a gutha, 'mo gharmhac bocht! Ochón go deo!'

'Faigh an bosca mór,' arsa an gadaí lena mhac.

'An bosca mór?' arsa an mac.

'Sea,' ar seisean os íseal, 'sula dtiocfaidh na gardaí.'

Rith an mac leis agus ní fada gur fhill sé leis an mbosca mór.

'Cé mhéad atá uait?' a d'fhiafraigh an gadaí.

'An méid a líonfaidh mo phócaí,' arsa Neain.

Ba leor an méid sin mar bhí dhá phóca mhóra ina sciorta.

'Imigh leat anois,' ar seisean léi nuair a bhí an dá phóca líonta aici, 'agus abair leo nach bhfuil dada as bealach.'

'Imeoidh,' ar sise agus tógfaidh mé liom an bhó dhainséarach.'

'Tóg agus fáilte.'

'Agus tógfaidh mé an bhó dhubh freisin.'

'Ach,' arsa an gadaí, 'ní bheidh dada fágtha againn.'

'Nach fearr é sin ná bheith sa phríosún mar gheall ar an mbó a mharaigh mo gharmhac,' arsa Neain.

Bhí an mac ar tí rud éigin a rá faoin mbó nuair a thug a athair sonc dó.

'Beidh mé ag imeacht mar sin,' arsa Neain, an dá bhó lena taobh agus a dhá póca lán d'ór.

Bhuail an gadaí an talamh le fearg agus sheas a mhac ansin agus a bhéal ar leathadh le hionadh.

Ní fada gur shroich sí an taobh eile den choill, áit a raibh Seán agus Róisín ag fanacht léi. As go brách leo abhaile ansin.

Is gearr go raibh cáil ar cháis an dá bhó ar fud na tíre agus mhair siad uile – Neain, Seán agus Róisín – go sona sásta an chuid eile dá saol.